Prinz WILLIAM

PRINZ DER HERZEN

Prinz WILLIAM

PRINZ DER HERZEN

Lisa Degnen

BSV
Burgschmiet Verlag

Die Deutsche Bibliothek – CIP-Einheitsaufnahme
Prinz William: Prinz der Herzen / Lisa Degnen.
[Aus dem Englischen von Claudia Eggebrecht]. -
1. Aufl. - Nürnberg: BSV, Burgschmiet.Verl., 1999
ISBN 3-933731-03-8

Titel der amerikanischen Originalausgabe:
PRINCE WILLIAM. Prince of Hearts

Erstveröffentlichung bei
Warner Books, Inc., 1271 Avenue of the Americas, New York,
NY 10020

Lektorat: Emily Zelner
Künstlerische Leitung: Jeff Batzli
Gestaltung: Millie Sensat
Bildauswahl: Jennifer L. Bove
Herstellung: Camille Lee

Coverfoto (vorne): © Richard Gillard
Coverfoto (hinten): © Camerapress/Retna

ISBN 3-933731-03-8 – 1. Auflage

Aus dem Englischen von Claudia Eggebrecht

Printed in the Czech Republic

INHALT

EINLEITUNG

Die ganze Welt blickt auf Prinz William, den künftigen König von England. Seine Königliche Hoheit William Arthur Philip Louis ist nach seinem Vater Charles, dem Prinz von Wales, der zweite Anwärter auf den Britischen Thron. Seine Großmutter, Königin Elisabeth II., ist Englands derzeitige Monarchin.

Die Erwartungen an den zukünftigen König William V. sind hoch. Als Prinz Charles 1981 Lady Diana Spencer heiratete, hatte die britische Öffentlichkeit gehofft, Charles würde sich als Thronfolger strenger am traditionellen Stil des Königshauses orientieren. Das Scheitern der königlichen Ehe hat die Hoffnung zerschlagen und vielleicht auch dem Ansehen der Monarchie beim Volk geschadet. Der junge Prinz William hat eine schwere Bürde zu tragen und zugleich sehr hohe Erwartungen zu erfüllen. Die Briten hoffen, daß er das Staatsoberhaupt sein wird, auf das man so lange warten mußte.

Schon jetzt hat er auf bewundernswerte Weise alle Herzen erobert, und es gibt sogar einen Fanclub, der sich über die gesamte Erde, bis nach Kanada, die USA und Australien erstreckt. Als William im März 1998 Kanada besuchte, wurde er von Massen kreischender Mädchen begeistert begrüßt. Auf Transparenten brachten sie ihre Zuneigung für den jungen Prinzen zum Ausdruck. „William ist intelligent und hat viel Humor", sagt ein Freund über ihn. „Aber am besten finde ich sein gutes und edles Herz."

Jeden Tag wird Williams Fangemeinde größer. „Zum ersten Mal ist ein Mitglied der Königlichen Familie bei Teenagern populär", sagt der britische Herausgeber Jeremy Mark. „Sie sehen in ihm einen ganz normalen englischen Jungen."

Gegenüber: Schon genauso photogen wie seine schöne Mutter, posiert der zweijährige William 1984, vor der Taufe seines Bruders Harry, für offizielle Aufnahmen.
Rechts: Blond, blauäugig, groß und gutaussehend. Mit sechzehn Jahren ist William ein Idol der Teenager.

Kapitel I

Kindheit und Jugend

William wurde am 21. Juni 1982 als Sohn von Prinz Charles Philip Arthur George und Diana, Prinzessin von Wales, geboren. Er war ein gesundes Baby und wog 3,4 kg. Seine Geburt wurde landesweit gefeiert, denn mit ihm war die britische Thronfolge gesichert. Charles und Diana brachen mit einer alten königlichen Tradition, als sie beschlossen, Williams Erziehung selbst in die Hand zu nehmen, anstatt ihn ausschließlich von Kindermädchen großziehen zu lassen. Sie wechselten seine Windeln, fütterten und badeten ihn – kurzum, sie übernahmen Aufgaben, die Mitglieder der Königlichen Familien bis dahin den Kindermädchen überlassen hatten. Und schon als Baby reiste der junge Prinz mit seinen Eltern nach Australien und Neuseeland. Das sind nur einige Beispiele dafür, wie Charles und Diana mit der königlichen Tradition brachen. Als Kleinkind konnte William einen ganz schön auf Trab halten, was ihm solche Spitznamen wie 'König Knirps', 'Billy der Schläger' und 'William der Schreckliche' einbrachte! Er wurde oft dabei erwischt, wie er in Papierkörbe kletterte oder versuchte, Papas Schuhe die Toilette hinunterzuspülen (wenn er nicht gerade Golfbälle in ihnen versteckte) oder neugierig auf Knöpfe drückte, was nicht selten die Alarmanlage im Buckingham Palast auslöste. Sein Verhalten war nicht ungewöhnlich für ein Kind seines Alters, aber er war ein königliches Kleinkind, und das macht einen Unterschied. Neben all den Streichen, die gerne in der Presse breitgetreten werden, gab es auch rührende Momente in Williams Leben, die nicht vergessen werden dürfen.

Gegenüber: Die strahlende Mutter Diana posiert mit Baby William am Tag seiner Taufe, am 4. August 1982, im Weißen Salon des Buckingham Palasts. Am selben Tag wurde die Königinmutter zweiundachtzig Jahre alt – wirklich eine königliche Feier!
Unten: Charles und Diana posieren mit Baby William für eines ihrer ersten Familienporträts.

Gegenüber:
Prinz William posierte zum ersten Mal für einen Photographen, als er sechs Monate alt war. „Er war ein süßer kleiner Junge, der mittlerweile zu einem sehr gutaussehenden jungen Mann herangewachsen ist", sagt ein Vertrauter der Königsfamilie.

Oben: Prinz Charles und Prinzessin Diana mit ihrem Sohn im Kensington Palast (1982). Der kleine Prinz trägt einen weißen Strampelanzug aus Seide mit Stickereien auf der Brust. **Links:** Prinz Charles. Freudestrahlend posiert er mit seinem Sohn im Kensington Palast.

Im Umgang mit seinem kleinen Bruder Harry war er liebevoll und verspielt, und die beiden schmusten viel miteinander, als Harry noch ein Baby war. Mit drei Jahren konnte William schon Hände schütteln und salutieren, und mit vier Jahren winkte er aufgeregt in die Kameras, als er auf seinem Pony Trigger ritt. Schritt für Schritt wuchs der wilde kleine Junge zu dem selbstsicheren jungen Mann heran, der er heute ist. Mit elf Jahren wollte William Polizist werden. Aber in seinem Herzen wußte er bereits, er würde heranwachsen, um 270 Millionen Menschen als König von England zu dienen.

Diana bereitete William und ihren zweiten Sohn Harry Schritt für Schritt auf ihre gesellschaftlichen Pflichten vor, achtete aber genau darauf, daß sie ihre freie Zeit bestmöglich nutzten. Aus diesem Grund richtete die Prinzessin Vergnügungstage und Arbeitstage ein. An Vergnügungstagen durften die Jungen Jeans und Baseballkappen tragen, bei McDonald's essen, ins Kino gehen oder Achterbahn fahren. An Arbeitstagen hatten die Prinzen ihren königlichen Verpflichtungen nachzukommen: Sie mußten Anzug und Krawatte tragen und in der Öffentlichkeit Hände schütteln – eben nicht mehr nur das, was ihnen Spaß machte. Das sollte ihnen helfen, sich auf die Anforderungen ihres zukünftigen Lebens vorzubereiten.

Rechts: Während eines Besuchs in Neuseeland (1983) machten Charles, Diana und William ein Picknick, bei dem der jüngste Anwärter auf den Thron den Photographen schon einmal zeigte, wie toll er krabbeln kann.
Gegenüber: Der kleine Prinz William mit zehn Monaten. Auch mit wenigen Zähnen hatte er schon sein gewinnendes Lächeln!

William war das erste Baby im Königshaus, das mit seinen Eltern auf Reisen ging. Der junge Prinz begleitete sie im Alter von neun Monaten nach Australien und Neuseeland.

Links: William genoß die Aufmerksamkeit der Photographen im Kensington Palast schon mit gerade mal siebzehn Monaten. Aber das hat sich geändert. „William fällt es schwer, immer im Licht der Öffentlichkeit zu stehen", sagt ein Beobachter des Königshauses über den zukünftigen König.

Gegenüber: Williams zweiter Geburtstag. Er spielt Ball vor dem Kensington Palast. Später, als Teenager, wird er ein großer Fußballfan.

Oben: William, 1987. Er trotzt dem Regen, um seinen Vater bei einem Polospiel anzufeuern. **Gegenüber:** Als er noch ein kleiner Junge war, gab seine Familie William den Spitznamen 'Hamsterbacken-Willy'.

Unten: 1985 kam ein ernster kleiner Junge in Mrs. Mynors Kindergarten. Aber William brauchte nicht lange, um das beliebteste Kind der Klasse zu werden.

Ein Leben im Rampenlicht. Dem kleinen William folgten die Photographen überallhin. Sogar eine kleine Fahrradfahrt über den Palasthof wurde zum Medienereignis.

Seine Königliche Hoheit reitet zum ersten Mal auf einem Pferd. Genaugenommen war es nur ein Pony – für den zukünftigen König dennoch eine ernste Angelegenheit.

Gegenüber: Schon als kleiner Junge hatte William seinen eigenen Willen. Seine Freunde wissen, daß er sehr stur sein kann, wenn er will. „Er mag es nicht, zu irgendwas gedrängt zu werden", sagt Ingrid Seward, eine Kennerin des Königshauses.

Oben: Ein Prinz zu sein hat seine Vorteile. Im Alter von nur fünf Jahren durfte William einen Tag lang in voller Uniform Soldat spielen.

Links: Der sechsjährige William und der vierjährige Harry auf den Stufen des Marivent Palasts in Palma auf Mallorca (1988). Die beiden Prinzen und ihre Eltern verbrachten den Sommer mit König Juan Carlos und Königin Sophia von Spanien.

Rechts: Eines der vielen Privilegien des königlichen Lebens ist es, viele verschiedene Hüte tragen zu dürfen. William sagte einmal, er wolle, wenn er groß ist, Polizist werden – aber es sieht so aus, als müßte er sich mit dem Thron abfinden. **Gegenüber:** „Der Thronfolger und sein Ersatz" titelte die Presse einmal. Aber William und Harry stehen sich sehr nahe, und seit dem Tod ihrer Mutter ist ihre Beziehung noch enger geworden.

William und Harry beim königlichen Salutieren. Heute lieben die beiden noch immer schnelle Motorräder und schöne Autos – wie Jungen überall auf der Welt.

Als wichtige Mitglieder der Königlichen Familie mußten William und Harry schon in jungen Jahren lernen, unabhängig zu sein. 1991 reisten sie auf der königlichen Jacht von England nach Kanada und kamen dort einen Tag vor ihren Eltern an. Hier sieht man sie mit Konteradmiral Robert Woodard an Bord der *Britannia*.

Rechts: Bei einem Polospiel (1987). Der vierjährige William und der zweijährige Harry gemeinsam unter einem Regenschirm. William, immer in der Rolle des fürsorglichen älteren Bruders, schützt Harry vor dem Regen. **Gegenüber:** Tiere sind für William und Harry ein fester Bestandteil ihres Lebens. Mit Hunden und Pferden gehen sie regelmäßig auf die Jagd.

März 1991. Prinz William wurde in der Schule in Ludgrove entschuldigt, weil er seiner ersten gesellschaftlichen Verpflichtung nachkommen mußte. Er reiste mit seiner Mutter nach Wales, um in Cardiff eine neue Gedenktafel zu enthüllen.

Aus Anlaß des St. David's Day – des walisischen Nationalfeiertags – tragen Prinz William und Prinzessin Diana weiße Narzissen bei der Ausübung ihrer königlichen Pflichten.

Unten: Bereits bei seiner ersten offiziellen gesellschaftlichen Verpflichtung in Cardiff trat der siebenjährige William wie ein Profi auf. Über 2500 Menschen lächelte und winkte er zu, schüttelte unzähligen Gästen die Hand.

Gegenüber: Sein erster Arbeitstag gab William schon gleich einen Vorgeschmack auf seine zukünftige Tätigkeit. Er errötete, als ihm jemand einen Blumenstrauß überreichte. Als sich eine Frau über die Absperrung beugte und ihm einen Kuß gab, errötete er gleich noch einmal.

Prinz Williams Ausbildung

Als Williams Einschulung bevorstand, entschlossen sich Charles und Diana, ihn in eine normale Schule zu schicken. Seine Erziehung sollte so wenig außergewöhnlich wie bisher verlaufen. William sollte, anders als Charles, keinen Privatunterricht bekommen, sondern Zeit mit anderen Kindern verbringen, um sich emotional und sozial in einer normalen Umgebung entwickeln zu können.

Als Prinz William zum ersten Mal in den Kindergarten im Westen von London ging, folgten ihm ungefähr tausend Photographen. Aber er sah auch wirklich hinreißend aus in seinen roten Shorts und mit seinem Täschchen aus der Fernsehserie 'Postman Pat'. Obwohl er ein Team von Sicherheitsbeamten um sich hatte, gelang es „Wills", einen Freund zu finden. Zusammen waren Wills und sein neuer Kamerad Nicholas ziemlich frech. Sie waren dafür berüchtigt, mit Fingerfarben herumzuschmieren, und einmal haben sie sogar das Pausenbrot eines anderen Kindes die Toilette hinuntergespült!

Nach zwei Jahren in Mrs. Mynors Kindergarten kam William nach Wetherby, in eine Schule für vier- bis achtjährige Jungen im Londoner Stadtteil Kensington. In Wetherby, wo sehr viel Wert auf musische Erziehung und gutes Benehmen gelegt wird, war William ein ausgezeichneter Schüler. Während dieser Zeit bekam er aber auch den Spitznamen 'Billy der Schläger', weil er die harten Sportarten bevorzugte und gerne Fußballspiele organisierte.

Im Alter von acht Jahren ging William, wie das in England üblich ist, auf ein Internat. Er wurde nach Ludgrove geschickt, das ungefähr vierzig Kilometer außerhalb von London liegt. Dort war er mit vier anderen Jungen in einem Zimmer untergebracht, teilte sich das Bad mit ihnen und ging jeden Abend um acht Uhr zu Bett – wie alle anderen auch. Seine Mitschüler nannten ihn William und behandelten ihn wie ihresgleichen. In Ludgrove bestand er die sehr schwierigen Abschlußprüfungen, wodurch er schließlich die Zulassung zum angesehenen Eton College erhielt. William war einer der Klassenbesten.

Seit 1995 besucht William nun Eton. Nach Ablauf von fünf Jahren wird er an die Universität wechseln.

Gegenüber: William und Harry in ihrer Wetherby-Schuluniform mit ihrer Mutter im Jahr 1989. Diana äußerte einmal scherzhaft, daß William die ganze Verantwortung aufgebürdet wird, während Harry später alle Mädchen abbekommen würde.
Rechts: Prinz William 1987 an seinem ersten Schultag in Wetherby. Er mußte die Schuluniform tragen, zu der auch mitten im Winter Shorts gehören.

Oben: Beim Sport war Prinz William stets alles andere als ängstlich. In seinem ersten Jahr in Wetherby war er bei den meisten Aktivitäten immer gleich mit von der Partie. **Rechts:** Während eines Sportfestes in Wetherby (1989). Von der Seitenlinie aus feuerte Prinzessin Diana ihren jungen Sportstar an.

Eton ist eine exklusive Schule, die für ihre hohen schulischen und sportlichen Anforderungen bekannt ist. Von den 1300 Jungen, die dort zur Schule gehen, stammen viele aus prominenten Familien – was für William natürlich nicht unwichtig ist. In vielerlei Hinsicht wird die Zeit in Eton für den Prinzen die normalste Zeit seines Lebens sein. Williams Wohnbereich in Eton ist sehr bescheiden. Er hat ein kleines Zimmer mit einem großen Bett, einem Nachttisch und einem kleinen Fenster. Der einzige Luxus, den er den anderen Schülern voraushat, ist sein eigenes Badezimmer. Aber er ist ja immerhin der zukünftige König von England!

Der Alltag in Eton sieht für William so aus: Aufstehen um sieben, Frühstück um acht, um halb neun Morgenandacht und ab neun Uhr Unterricht. Um fünf vor halb zwölf gibt es eine kleine Pause mit Tee und Keksen. Dann geht der Unterricht weiter bis um fünf vor halb zwei. Nach dem Mittagessen wird Sport getrieben, und im Anschluß daran findet von vier Uhr bis zum Abendessen wieder der normale Unterricht statt. Wie nicht anders zu erwarten, ist der Unterricht sehr anspruchsvoll: William wird in Englisch, Chemie, Physik, Biologie, Geschichte, Mathematik, Französisch, Griechisch, Latein und Kunst unterrichtet.

Sein Bruder und seine Eltern sehen William zu, wie er sich am ersten Tag in das Studienbuch des Eton College einträgt (1995). William ist der erste Thronfolger, der diese fünfhundert Jahre alte Schule besucht.

Unten: Zum Schulbeginn in Eton zeigte sich die Familie in friedlicher Eintracht, aber Williams Freunde berichteten, wie sehr ihm die Trennung seiner Eltern zusetzte.

Gegenüber: William in seiner Schulkleidung in Eton. William hat eine lange Liste von Regeln, die er befolgen muß, wenn er sich in der Öffentlichkeit bewegt. Zwei der wichtigsten: Er darf sich nicht beim Rauchen oder Küssen erwischen lassen.

Links: Seit dem Tod seiner Mutter ist Eton für William zu einem Zufluchtsort geworden. Den Jungen dort wurde gesagt, daß sie von der Schule verwiesen werden, wenn sie der Presse etwas über William erzählen. Und William weiß, hinter diesen Toren kann er entspannen und er selbst sein.

Rechts: Die jahrhundertealten Hallen des Eton College sind für William zur neuen Heimat geworden, zu einem Ort, an dem er vor den Medien sicher ist. Auch sein Bruder Harry besucht Eton seit Herbst 1998.

William liebt es, Rugby zu spielen, und freut sich, wenn ihn seine Mitschüler auf dem Spielfeld ganz normal behandeln. „William ist ein vielversprechender Sportler", meint Reporter Peter Archer.

Williams Stammbaum

***Victoria* (1819–1901)**
⚭
***Albert* (1819–1861)**

- *Victoria* (1840–1901)
- *Edward VII.* (1841–1910) ⚭ *Alexandra of Denmark* (1842–1925)
  - *Albert Victor* (1864–1892)
  - *George V.* (1865–1936) ⚭ *Mary of Teck* (1867–1953)
    - *Edward VIII.* (später *Herzog v. Windsor*) (1894–1972)
    - *George VI.* (1895–1952) ⚭ *Lady Elizabeth Bowes-Lyon* (1900–)
      - *Elizabeth II.* (1926–) ⚭ *Philip Mountbatten* (1921–)
        - *Charles* (Prinz von Wales) (1948–) ⚭ *Lady Diana Spencer* (1961–1997)
          - *William* (1982–)
          - *Harry* (1984–)
        - *Anne* (1950–) ⚭ *Mark Phillips* (1948–)
          - *Peter* (1978–)
          - *Zara* (1981–)
        - *Andrew* (1960–) ⚭ *Sara Ferguson* (1959–)
          - *Beatrice* (1988–)
          - *Eugenie* (1990–)
        - *Edward* (1964–)
      - *Margaret* (1930–)
    - *Mary* (1897–1965)
    - *Henry* (1900–1974)
    - *George* (1902–1942)
    - *John* (1905–1919)
  - *Louise* (1867–1931)
  - *Victoria* (1868–1935)
  - *Maud* (1869–1938)
  - *Alexander John* (* & † 1871)
- *Alice* (1843–1878)
- *Alfred* (1844–1900)
- *Helena* (1846–1923)
- *Louise* (1848–1939)
- *Arthur* (1850–1942)
- *Leopold* (1853–1884)
- *Beatrice* (1857–1944)

Geburtstagsfest der Königinmutter (August 1995). William plaudert mit seiner Großmutter und Urgroßmutter.

Kapitel 2

Erinnerung an Diana

William und Diana standen sich sehr nahe. Ihr tragischer Tod im August 1997 war für ihn ein Verlust, der den weiteren Verlauf seines Lebens prägen wird. Freunden zufolge gehen William und Harry mit dem Tod ihrer Mutter sehr tapfer um. „Beide Jungen bewältigen den Tod ihrer Mutter viel besser als erwartet", verriet ein Freund von Diana der amerikanischen Zeitschrift *People*. „Das lehrt uns viel über die königliche Familie. Man hat ihnen schon früh beigebracht, Haltung zu bewahren."

Dianas Freund Richard Branson verblüfft die große Ähnlichkeit von William und seiner hübschen Mutter. „Es ist wunderbar, daß Prinz William all die guten Eigenschaften von Diana besitzt und sie durch ihn weiterleben wird." Vertraute wissen zu berichten, daß Williams Schulleistungen unter der Trauer um seine Mutter gelitten haben. Aber mittlerweile kann der junge Prinz den Schulalltag schon wieder ganz gut bewältigen. Sein Vertrauenslehrer in Eton, Dr. Andrew Gailey, und dessen Frau unterstützen ihn sehr in dieser schwierigen Zeit.

Links: Diana versuchte William beizubringen, wie er seine Kindheit genießen konnte, obwohl er ständig im Rampenlicht stand. **Gegenüber:** Das Leben von Prinzessin Diana war häufig nicht einfach, aber sie liebte jede Minute, die sie mit ihren Kindern verbringen durfte.

Prinz William an der Seite seiner Mutter, als sie 1991 zusammen die Tennismeisterschaften in Wimbledon besuchten. Die beiden standen sich sehr nahe. „William ist sensibel und nachdenklich, genau wie Diana. Ihre Seele lebt in ihm weiter", sagt ein Freund.

Diana und Harry besuchen William in Eton. Es war Dianas Idee, mit der strengen königlichen Tradition zu brechen, die zukünftigen Könige fern von zu Hause auf Internate nach Schottland zu schicken. Statt dessen lebt William nun in England, in der Nähe seiner Familie.

Eine Bewährungsprobe

Jeder, der William kennt, sagt, er habe sich seit dem Tod seiner Mutter für sein Alter ungewöhnlich tapfer verhalten. Seit dem Moment, als er vom plötzlichen Tod Dianas in Paris erfuhr, hat William die Rolle des beschützenden älteren Bruders übernommen. Bei der Messe in der Crathie Church, die im engsten Familienkreis abgehalten wurde, stand er an Harrys Seite. Und er war es auch, der deutlich machte, daß Harry und er es vorzögen, alleine zum Familienbesitz Balmoral in Schottland zu fahren, um dort in aller Stille trauern zu können. William war sehr verärgert, als Horden von Reportern und Photographen in Balmoral auftauchten. Er verabscheute es, während dieser schweren Zeit in den Medien zu erscheinen. Der Öffentlichkeit ausgesetzt zu sein, war für ihn fast unerträglich. William mußte erst dazu überredet werden, gemeinsam mit seinem Bruder, seinem Vater und seinen Großeltern vor die Kameras zu treten.

Nach dem Tod der Prinzessin erhielt William Tausende von Beileidsbezeugungen. Langsam hat er sich an den ganzen Medienrummel gewöhnt, und es ist ihm sogar gelungen, für die Kameras zu lächeln, als er zur Goldenen Hochzeit seiner Großmutter erschien. Wenn er sich mit Charles in der Öffentlichkeit bewegt, fühlt er sich sicher, weil dieser ihn vor dem Medienrummel schützt. Das vertraute er seinen Freunden einmal an.

Links: Diana verbrachte ihren vierunddreißigsten Geburtstag in Ludgrove, wo sie mit William an einem Tennisturnier für Mütter und Söhne teilnahm. Die Prinzessin hatte eine Einladung zu einem gesellschaftlich wichtigen Hochzeitsfest in London abgesagt, um diesen Tag mit ihrem Sohn verbringen zu können.

Gegenüber: William war gerade neun Jahre alt, als er mit seiner Mutter und Harry die Niagarafälle besuchte.

Rechts: William und Harry stimmen ihre Uhren aufeinander ab, als sie mit ihrer Mutter an den Feierlichkeiten zu einem Jahrestag des Kriegsendes teilnehmen. „Sie hat immer gesagt, sie wünsche sich, daß William glücklich sei. Und es war offensichtlich auch ihr Wunsch, ihn später als König zu sehen", erzählt Peter Archer.

1991 hatten die Jungen in Österreich viel Spaß beim Skifahren mit ihrer Mutter. Um diese Zeit ging die Ehe von Charles und Diana gerade auseinander, und William war für seine Mutter, die sehr darunter litt, ein großer Trost.

William, Harry und Diana bei einer Wildwasserfahrt in Colorado (1995). Diana ermutigte ihre Jungen zu normalen, alltäglichen Aktivitäten. Sie war das erste Mitglied des Königshauses, das mit ihren Kindern zu McDonald's ging.

Nach Dianas Tod suchte William Trost und Halt bei seinem Vater. Prinz Charles wird häufig als kalt und unnahbar beschrieben. Aber nahestehende Freunde kennen ihn als sehr warmherzigen und liebevollen Vater. Charles nennt seine beiden Söhne „My darling boys" und sagt, sie werden in seinem Leben immer an erster Stelle stehen. Seine vielen Termine legt er so, daß er viel Zeit mit seinen Jungs verbringen kann. Und wenn die Möglichkeit besteht, die beiden mit auf Reisen zu nehmen, lädt Charles sie dazu ein. Wenn sie nicht wollen, zwingt er sie aber auch nicht dazu.

Seit Dianas Tod ist es eines der wichtigsten Anliegen der Familie, das Privatleben von William und Harry vor der Presse zu schützen. Zeitungsherausgeber und Photographen wurden gebeten, ihre Privatsphäre zu respektieren. Ausnahmen sind natürlich Phototermine, zu denen die Presse eingeladen wird, und bisher hat sich die Presse erstaunlich kooperativ gezeigt. Um wirklich einmal seine Ruhe zu haben, geht William gerne auf einem Landgut der Königin mit seinem älteren Cousin Peter Phillips auf Entenjagd. Dem vier Jahre älteren Peter wird nachgesagt, er hätte seinen Cousin unter seine Fittiche genommen und würde ihm in schweren Zeiten mit vielen gemeinsamen Unternehmungen helfen.

Höchstpersönlich dankte William der großen Menschenmenge, die sich vor dem Buckingham Palast versammelt hatte, um Abschied von Diana zu nehmen. Die meisten Anwesenden waren angesichts der traumatischen Ereignisse von dem gefaßten und reifen Auftreten des Prinzen überrascht und zutiefst beeindruckt.

Prinz Charles ist sehr darum bemüht, William die Zeit zuzugestehen, die dieser mit seinen Freunden verbringen will. Charles ist extra in ein großes Appartement im 'York House' umgezogen, damit er und die Jungen viel Platz haben, wenn sie in London sind.

Dianas Schwestern, Lady Jane Fellowes und Lady Sarah McCorquodale, telefonieren fast täglich mit William und Harry. Freunde und Mitglieder der Familien Spencer und Windsor haben die Jungen seit Dianas Tod enorm unterstützt. Die Zukunft wird sicherlich noch schwierige Momente mit sich bringen, aber wenn William sich so gefaßt und würdevoll verhält wie in diesem für ihn bisher zweifellos schwierigsten Jahr, wird er auch sein Leben erfolgreich meistern.

DIANAS RING – ERINNERUNG AN TAGE DES GLÜCKS

Eines der Schmuckstücke aus dem Besitz seiner Mutter, das William unbedingt behalten wollte, war der schöne Verlobungsring, den Diana auch nach der Trennung noch trug. Wie William Freunden erzählte, ist dieser Ring für ihn eine Erinnerung an die Liebe, die seine Eltern einst verband, und er will ihn immer als Symbol ihrer Liebe behalten. Der makellose ovale, blaue Saphir ist von vierzehn kleinen Diamanten eingerahmt und in achtzehn Karat Weißgold eingefaßt. „William wollte ein unvergängliches Andenken an seine Mutter und die glückliche gemeinsame Zeit seiner Eltern", hieß es aus dem Königshaus. „Er denkt, daß sein Vater seine Mutter sehr geliebt hat, als sie geheiratet haben, und daß der Ring ein Symbol ihrer Liebe war. Aus dem gleichen Grunde liebte Diana diesen Ring so sehr, daß sie ihn bis zu ihrem Tod trug. Ein Teil von ihr hat Charles trotz allem, was zwischen ihnen vorgefallen ist, immer geliebt."

Der Ring wurde von den Juwelieren des Königshauses gefertigt und Diana bei ihrer Verlobung am 24. Februar 1981 von Charles überreicht. Auf der ganzen Welt wurden Millionen von Kopien angefertigt, und heute schätzt man den Wert des Originals auf mehrere Millionen englische Pfund.

William und Diana: Eine Seelenverwandtschaft

Die meisten von uns können sich nicht vorstellen, mit fünfzehn Jahren die geliebte Mutter oder den geliebten Vater zu verlieren und nur wenige Tage nach deren Tod in der Öffentlichkeit aufzutreten und Tausenden von Menschen auf der Straße tapfer zuzulächeln. Doch genau das mußte William unter den Augen der Weltöffentlichkeit tun. William, Harry und Charles gingen auf die Straße, um den vielen Menschen zu danken, die in London ihre Trauer mit Blumen und Kerzen zum Ausdruck brachten. William bestand darauf, am Trauerzug zur Kirche teilzunehmen. Er war noch ein Junge, verhielt sich aber schon wie ein König. „All meine Hoffnung ruht nun auf William", sagte Diana kurz vor ihrem Tod. „Für den Rest der Familie ist es zu spät. Aber William… ich glaube, er wird es schaffen."

William hat den Verlobungsring seiner Mutter als besonderes Andenken behalten. Der Ring sei für ihn eine Erinnerung an die Liebe, die seine Eltern einst verband, erzählte er Freunden.

Gegenüber: Es war Williams Idee, beim Trauerzug hinter dem Sarg seiner Mutter zu gehen und ihr damit die letzte Ehre zu erweisen. Sein Großvater, der Herzog von Edinburgh, William, Dianas Bruder, Graf Spencer, Prinz Harry und Prinz Charles folgen Dianas Sarg durch die Straßen von London. **Unten:** Prinz William, Prinz Harry und Prinz Charles bei der Beerdigung Dianas am 9. September 1997.

Die Beziehung von William und Diana war sehr eng. Dianas unverkrampfte und natürliche Art stand in großem Kontrast zu dem sehr formellen Verhalten der Königlichen Familie. Diana wollte für ihre Kinder eine möglichst normale Erziehung, aber sie wußte auch, daß William in seiner Rolle als Thronanwärter einem enormen Druck ausgesetzt sein würde. Deshalb ermutigte sie ihn, mit ihr über seine Gefühle zu sprechen. „Diana wußte, daß sie nie Königin werden würde, aber sie wußte auch, daß sich ihr großer Einfluß auf den zukünftigen König William später deutlich zeigen würde", bemerkte ein Kenner des Königshauses. „Zusammen werden sie die Monarchie verändern."

Seit Williams Geburt überhäufte ihn Diana, die ehemalige Kindergärtnerin, mit Liebe und Aufmerksamkeit. Sie weigerte sich, ihn bei gemeinsamen Auslandsreisen mit Charles in der Obhut von Kindermädchen zu lassen. Außerdem war sie es, die darauf bestand, daß William nach Eton in der Nähe von London ging und nicht nach Gordonstoun in Schottland, wo man Charles als Jungen hingeschickt hatte, um ihn abzuhärten. William erwiderte die Gefühle, die seine Mutter ihm entgegenbrachte. Einmal mußte er sogar zurückgehalten werden, als er glaubte, ein Photograph habe seine Mutter beleidigt.

Als Diana starb, schien es zunächst, als würde ihr Tod Williams Leben völlig durcheinander bringen. Aber ihre Liebe wird ihn immer begleiten, und ihr Einfluß immer spürbar bleiben. „Selbst im Tod hat Diana mehr Einfluß, als dies

Grace Kelly oder John F. Kennedy auf die Zukunft ihrer Söhne und ihres Landes je hatten", behauptet der Autor Harold Brooks-Baker. „Ihre Botschaft, die Menschen zu lieben, wird William bis auf den Thron begleiten."

Bei ihrem Tod hat Diana 61 Millionen Mark hinterlassen. Der Hauptanteil wird an William und Harry vererbt – sie werden beide 19 Millionen erhalten, über die sie aber erst mit fünfundzwanzig Jahren verfügen dürfen. Ungefähr 23 Millionen Mark Erbschaftssteuer werden abgezogen, und 140 000 Mark erhielt Dianas langjähriger Butler Paul Burrell. Dianas Garderobe, ihr Hochzeitskleid und die Tantiemen aus der Rechteverwertung von Diana-Bildern und ihrem Namen werden den vielen Wohltätigkeitsorganisationen zugute kommen, für die sie sich eingesetzt hat.

Oben: Millionen Karten, Blumen und Spielzeuge wurden von den Menschen zum Zeichen ihrer Verehrung für Diana vor den Toren des Buckingham Palastes niedergelegt.
Gegenüber: William, Harry und Prinz Charles sehen sich die Blumen und Geschenke an, die nach Dianas Tod vor Schloß Balmoral in Schottland aufgereiht wurden.

KAPITEL 3

PRINZ MÄDCHENSCHWARM

Die amerikanische Zeitschrift *People* kürte Prinz William zu einem der fünfzig schönsten Menschen der Welt. Er hat mit seinem strohblonden Haar, der warmen Ausstrahlung seiner Augen und seinem gewinnenden Lächeln die Herzen von Millionen Teenagern erobert. Wann immer Zeitschriften William auf der Titelseite bringen, werden sie mit Fanpost für den zukünftigen König überschüttet. Viele Mädchen, die William schreiben, unterzeichnen ihre Briefe mit „die zukünftige Mrs. Windsor". Zeitungen aus seiner Heimatstadt London haben ihm wegen seiner Gabe, Mädchen beinahe in Ohnmacht fallen zu lassen, den Spitznamen „Prinz Mädchenschwarm" gegeben. „Prinz William ist ein internationaler Star vom Format eines Leonardo DiCaprio", meint Christina Ferrari, Herausgeberin der Zeitschrift *Teen People*. „Die Mädchen fühlen sich nicht nur von seinem Aussehen und dem Glamour um seine Person angezogen, sondern auch von der Tatsache, daß er weder abweisend noch arrogant wirkt." Als William mit seinem Vater und seinem dreizehnjährigen Bruder Harry zum Skiurlaub in das kanadische Wintersportzentrum Whistler fuhr, kamen Tausende von Mädchen, und riefen: „William, willst du mich heiraten?"

Mit seiner stattlichen Größe von 1,82 m wirkt William bei der ganzen Aufmerksamkeit, die ihm zuteil wird, fast verlegen. „In Eton laufen die Jungen einem schönen Mädchen hinterher und schenken ihm viel Aufmerksamkeit", erzählt ein Schulfreund. „William ist sicherlich niemand, der sofort zu flirten anfängt, aber wenn er ein Mädchen ansieht und lächelt… Welches Mädchen kann da widerstehen?"

Rechts: Eine phantasievolle Computersimulation von Prinz William mit allen königlichen Insignien. Nach Meinung vieler Beobachter des Königshauses wird Charles niemals regieren, sondern William zum nächsten König gekrönt werden. **Gegenüber:** Mit fünfzehn Jahren sagte Prinz William seinen Eltern, er wolle nicht König von England werden. Aus dem Umfeld der Königsfamilie heißt es: „William weiß ganz genau, was von ihm erwartet wird, und er weiß, was er seinem Land schuldig ist."

Die kanadischen Mädchen waren ganz aus dem Häuschen, als William im März einen Ausflug nach Vancouver, British Columbia, machte. Er traf seine treuen Anhängerinnen während eines Besuchs der Burnaby Secondary School. „Er ist der bestaussehendste Junge, dem ich je begegnet bin", schwärmte ein Mädchen mit Tränen in den Augen.

Prinz Harry – als Spaßvogel bekannt – blickt zu seinem älteren Bruder William auf. Wie man hört, findet es Harry sehr komisch, daß die Mädchen so verrückt nach William sind und überall, wo die beiden auftauchen, laut seinen Namen kreischen.

William hatte großes Vergnügen an einem Rundflug über
ein küstennahes Naturschutzgebiet bei Vancouver.

Dieses Haar, diese Augen

Ja, es ist offensichtlich, William ist zweifellos der bestaussehendste Mann der Königlichen Familie. Und das gute Aussehen hat er hauptsächlich von der mütterlichen Seite seiner Familie geerbt. Seine vollen Lippen, die funkelnden blauen Augen und sein charmantes Lächeln erinnern an seine Mutter.

William trägt sein schönes blondes Haar gerne kurz. Das ist sehr vorteilhaft, denn so kann man seine wohlgeformten Ohren sehen. Am Tag seiner Geburt soll sich die Königin ihren Enkelsohn angesehen und gesagt haben: „Gott sei Dank! Er hat nicht die Ohren seines Vaters."

Die Familie Spencer stammt von einem unehelichen Nachkommen König Charles II. ab. Deshalb soll William mehr englisches Königsblut haben als die Königin selbst. Die Spencers besitzen außerdem künstlerische Neigungen. Williams Großmutter mütterlicherseits, Margaret Baring, war eine hervorragende Violinistin, und sein Großvater, der verstorbene Graf Spencer, ein talentierter Photograph.

Laut Prinz Charles hat William ein gutes Gespür für Literatur. Von den beiden Brüdern ist William eher der nachdenkliche und redegewandte, während Harry wild und draufgängerisch ist. Carolyn Bartholomew, eine Freundin Dianas, sieht große Ähnlichkeiten zwischen William und seiner Mutter. Er sei, genau wie sie, intuitiv, aufgeweckt und sehr sensibel.

Links: Weihnachten 1995 feierte William zusammen mit seinem Vater. Seit Dianas Tod stehen sich die beiden besonders nahe. Genau wie Charles liebt William Pferde, Hunde und alle sportlichen Aktivitäten im Freien. **Gegenüber:** Beobachter der Szene halten William für genauso beliebt wie Hollywoods König der Teenagerherzen, Leonardo DiCaprio. Zu diesem Vergleich sagt William: „Ich denke, für ihn ist es einfacher, der König von Hollywood zu sein, als für mich, König von England zu werden."

Williams Begegnung mit Cindy

Was würdest du tun, wenn du plötzlich dein Idol treffen würdest? Was würdest du sagen, wenn plötzlich Prinz William in der Tür steht und sich bei dir zum Tee einlädt? Wenn du vor Verlegenheit und Aufregung ganz rot wirst und keinen sinnvollen Satz mehr zustande bringst, dann hast du einiges mit Prinz William gemein. Genau das passierte ihm nämlich vor ein paar Jahren, als sich ihm die Gelegenheit bot, seine Traumfrau, das Supermodel Cindy Crawford, zu treffen.

William erzählte seiner Mutter, wie sehr er für das Model schwärmte, und ehe er sich versah, hatte die Mutter Cindy zum Tee eingeladen. Zu Beginn ihres Besuches waren Cindy und William einige Minuten alleine. Als Diana dazukam, konnte sie sehen, wie William vor Verlegenheit rot wurde. Sie flüsterte Cindy zu: „Er ist genau wie ich – wenn er nicht mehr weiß, was er sagen soll, wird er rot." 1995 wagte Diana eine Prognose: „William wird König, und Harry wird dafür alle Mädchen abbekommen. So wird es sein."

Links: William mag zwar kamerascheu sein, aber er hat zweifellos ein wunderbar photogenes Lächeln. **Gegenüber:** Ebenso naturverbunden wie sein Vater, geht Prinz William seit Jahren auf dem Familiensitz Sandringham auf die Jagd. Außerdem fährt er Ski, rudert, schwimmt und spielt Rugby.

ZUR PERSON

NAME: William Arthur Philip Louis Windsor (Als der Prinz geboren wurde, brauchten Charles und Diana einige Wochen, bis sie sich auf einen Namen für ihn einigen konnten. Charles war für Arthur, und Diana für William. Schließlich fanden sie einen Kompromiß. Philip und Louis sind Namen aus Charles Familie, und Windsor ist der Familienname des Königshauses.)

DER ECHTE NACHNAME: Schleswig-Holstein-Sönderborg-Glücksburg-Sachsen-Coburg-Gotha (William stammt von der königlichen Linie Queen Victorias aus der Familie Sachsen-Coburg-Saalfeld ab. Victoria heiratete ihren Cousin ersten Grades, Prinz Albert von Sachsen-Coburg-Gotha, mit dem sie neun Kinder hatte. Deren Nachkommen und die Eheschließungen dieser Nachkommen sind der Grund für die verwandtschaftliche Verbindung des britischen Königshauses mit den Königshäusern von Deutschland, Dänemark, Rußland, Griechenland und Rumänien.)

SPITZNAMEN: Wills, Billy, Hamsterbacken-Willy, Billy der Schläger, William der Schreckliche

ELTERN: Prinz Charles und die verstorbene Prinzessin Diana

GESCHWISTER: Prinz Harry (jüngerer Bruder)

GEBURTSDATUM: 21. Juni 1982

GEBURTSORT: St. Mary's Hospital, London

STERNZEICHEN: Zwilling/Krebs

HAARFARBE: flachsblond

AUGENFARBE: blau

LIEBLINGSFARBE: blau

BESONDERHEITEN: Linkshänder

LIEBLINGSSPEISEN: Hamburger, Pommes frites, Pizza, Pasta, Schokolade, Gemüse und Rehbraten

LIEBLINGSGETRÄNK: Coca-Cola

HAUSTIER: Ein Labrador namens Widgeon

LIEBLINGS-SPORTART: William ist der beste Schwimmer seiner Schule. Er hat sowohl das 50- als auch das 100-Meter-Wettschwimmen im Freistil gewonnen. Außerdem gefallen ihm: Jagen, Skifahren, Tennis, Fußball, Hockey und Wildwasserfahren.

WENN DU IHM SCHREIBEN WILLST:

HRH Prince William
Kensington Palace
Kensington, London W8 4PN
Großbritannien

HRH Prince William
St. James Place
London SW1A 1BS
Großbritannien

Gegenüber: Balmoral 1997. Prinz Charles, Harry und William genießen einen Spaziergang in der Natur.

Oben: William in Balmoral. Balmoral wurde 1852 von Prinz Albert für Queen Victoria erworben. Bis heute ist es einer der Orte, an denen sich die Königliche Familie in ihrer Freizeit am liebsten aufhält.

DIE FAMILIE WINDSOR

Windsor ist der Familienname des Königshauses von Großbritannien. Georg V. änderte den Namen 1917 von Wettin in Windsor, damit er weniger deutsch klang. Der Name kam von Albert von Sachsen-Coburg-Gotha, dem Cousin ersten Grades und Ehemann von Queen Victoria. 1947, zwei Generationen später, heiratete Königin Elizabeth II. Philip Mountbatten (geborener Schleswig-Holstein-Sönderborg-Glücksburg), der auf seinen Anspruch auf den griechischen Thron verzichtete, sich in Großbritannien einbürgerte und seinen Namen anglisierte, als König George VI. ihm eher widerwillig erlaubte, seine Tochter zu heiraten. 1952 bestimmte die Königin, daß sie und ihre Nachkommen den Namen Windsor tragen sollten. Ein Dekret von 1960 beschränkte den Namen auf die Nachkommen mit dem Titel Prinz oder Prinzessin. Andere Nachkommen sollten den Namen Mountbatten-Windsor annehmen. Prinz William trägt als Enkel von Königin Elizabeth II. und Prinz Philip den Namen William Arthur Philip Louis Windsor.

Wenn du mehr über die Thronfolge und den Stammbaum der Königlichen Familie wissen willst, dann schau in die königliche Website unter der Adresse *www.royal.gov.uk*, wo du einen Familienstammbaum findest, der bis ins Jahr 802 zurückreicht.

Freunde und Verwandte

Es ist nicht immer leicht, als zukünftiger König von England aufzuwachsen, aber in schweren Zeiten kann sich William auf die Hilfe seiner Familie und einiger enger Freunde verlassen. Dazu gehören:

Tiggy Legge-Bourke

Ihr richtiger Name ist Alexandra, aber ihre Freunde (William und Harry eingeschlossen) kennen sie alle nur als Tiggy. Die beiden Jungen mögen sie sehr, und man sieht sie gewöhnlich lachen oder lächeln, wenn sie mit den Prinzen zusammen ist.

William kennt Tiggy aus der Zeit, als sie sein Kindermädchen war. Schließlich wurden Harry und er zu alt für ein Kindermädchen, und Tiggy verließ den Palast. Aber die Jungen hatten immer engen Kontakt zu ihr, und nach dem Tod Dianas war sie oft an ihrer Seite.

Peter Phillips

Peter ist Williams Cousin (der Sohn von Charles' Schwester, Prinzessin Anne). William sieht zu Peter wie zu einem älteren Bruder auf. Seit Dianas Tod kann er sich absolut auf ihn verlassen. Sie treffen sich oft zum Jagen und unterhalten sich viel.

Links: Besuch für William in Eton. Sein früheres Kindermädchen Tiggy hat seinen Hund mitgebracht. Wie Freunde erzählen, hat William sich oft an Tiggy gewandt, wenn er Hilfe brauchte, um mit dem Tod seiner Mutter zurechtzukommen.

Gegenüber, unten: Freunde und nahe Verwandte haben Prinz William über schwere Zeiten hinweggeholfen. Hier sieht man ihn mit Peter Phillips und Tiggy Legge-Bourke auf einem Bild aus dem Jahr 1997.

Links: William mit seinem Cousin Peter Phillips auf dem Weg zur Weihnachtsmesse in der Sandringham Church (1997). Peter ist vier Jahre älter als William und so etwas wie ein älterer Bruder.

Links: Prinz William steht auch seiner Cousine Zara Phillips nahe, die ihn gerne neckt und verlegen macht. **Gegenüber:** Bei den Feierlichkeiten zum fünfzigjährigen Hochzeitstag seiner Großeltern wird William von Kameras belagert (1997). Seit eine Zeitschrift eine Titelgeschichte über ihn brachte, bekommt er wöchentlich Post von über 12 000 Fans.

Prinz
WILLIAM

Oben: William an seinem ersten Tag in Eton, mit seinem Vertrauenslehrer Dr. Andrew Gailey. Er hat William über schwere Zeiten hinweggeholfen, bei der Scheidung seiner Eltern, wie auch nach dem tragischen Tod seiner Mutter. **Gegenüber:** William mit Harry und seinem Vater auf Balmoral. Wenn sie sich auf dem schottischen Landsitz aufhalten, unternehmen die drei gerne lange Wanderungen und gehen in den Wald zum Jagen. Seit seinem vierten Lebensjahr begleitet William seinen Vater bei der Jagd.

Prinz Harry

Prinz Harry (richtiger Name: Seine Königliche Hoheit, Prinz Henry von Wales), geboren am 18. September 1984, ist wohl der Mensch, der William am nächsten steht, und auch zweifellos derjenige, der ihm am leichtesten ein Lächeln entlocken kann. Harry ist verrückt nach Fußball und sieht sich leidenschaftlich gern mit seinen Freunden Spiele an. Seit dem Tod seiner Mutter sind sich William und Harry noch näher gekommen. Wenn William und Harry nicht zur Schule gehen, verbringen sie viel Zeit auf dem Landsitz ihres Vaters in Highgrove oder in seinem Appartement in London. Harry ist bekannt für sein gewinnendes Lachen, das ihn auch nicht verließ, als er den Spice Girls persönlich begegnete. Er bewundert seinen großen Bruder und will gerne genauso werden wie er, sagen Freunde.

Prinz Charles

Charles wird zwar häufig als konservativ und steif bezeichnet, aber William kennt auch die andere Seite seines Vaters. „Charles kann humorvoll sein und verbringt liebend gerne seine freien Tage mit den Jungs auf dem Land", heißt es. „William hing sehr an seiner Mutter, aber er liebt auch seinen Vater." Charles äußerte einmal, wie gut er Williams Schüchternheit verstehen könne. Er brauche sich nur zu erinnern, welche Erfahrungen er selbst während seiner Kindheit und Jugend in der Königlichen Familie gemacht habe. Charles ist der nächste Anwärter auf den Thron von Königin Elisabeth II. Aber möglicherweise wird er übersprungen und William der nächste König. Als Diana starb, war die Ehe von Charles und Diana bereits geschieden. Heute scheint es, als wolle Prinz Charles seine langjährige Gefährtin Camilla Parker-Bowles heiraten. Sollte das geschehen, wird es die britische Öffentlichkeit vielleicht lieber sehen, wenn Prinz Charles verzichtet und William den Thron überläßt. Aber bevor die Zeit von Königin Elisabeth II. vorüber ist, kann man nur warten und sich überraschen lassen, was die Zukunft bringt.

Rechts: Bei einer Wanderung in Schottland sucht William Ruhe. Er genießt die kurze Zeit, die er einmal nicht im Rampenlicht stehen muß. **Gegenüber:** William spielt mit seinem geliebten Hund Widgeon. Das Anwesen, das zu Schloß Balmoral gehört, umfaßt 20 000 Hektar Land, mit Wäldern zum Herumstreunen und vielen Wanderwegen.

Die Ferien verbringen William und sein Vater meist zusammen in der schönen Natur. Diese Familienzusammenkunft auf Balmoral fand nur einen Monat vor Dianas Tod statt.

Prinz Charles mit William in einem Skilift in der Schweiz (1993). Er nennt William „My darling boy" und verbringt in den Ferien soviel Zeit wie möglich mit ihm.

Sechs Monate nach Dianas Tod nahm Prinz Charles William und Harry mit zu einem Skiurlaub nach Kanada, ins Whistler-Gebirge. William bezwang die Pisten meisterhaft und kam bei den Mädchen in ganz Nordamerika riesig an.

Links: Prinz William und Prinz Charles bei einem intimen Gespräch auf dem Skilift in Klosters (Schweiz). Dianas tragischer Tod hat Charles seinen beiden Söhnen nähergebracht.
Gegenüber: William fährt von klein auf Ski und reiste mit seinen Eltern zum Skifahren in die Schweiz, nach Österreich und Colorado.

SCOTT

WUSSTEST DU SCHON, ...?

⚜ William trinkt fast jeden Sonntag Tee mit der Königin (die auch seine Oma ist).

⚜ Als William gerade mal dreizehn Jahre alt war, sagte er, der Familientradition zum Trotz, er wolle nicht zur Königlichen Marine gehen, bei der sein Großvater, sein Vater und seine Onkel ihren Militärdienst geleistet haben.

⚜ Prinz William surft gerne im Internet. Er sendet Freunden und der Familie häufig Emails und korrespondiert auf diese Art auch regelmäßig mit der Königin. Wenn du also das nächste Mal online bist, chattest du vielleicht, ohne es zu wissen, mit dem zukünftigen König von England!

⚜ Entgegen dem, was du vielleicht gehört hast, hat William ab und zu die Gelegenheit, mit seinen Freunden richtig einen draufzumachen. Zwar muß er immer mit sechs Bodyguards unterwegs sein, aber er war schon in Discos in London, und es ist bekannt, daß er gerne mit seinen Mitschülern feiert.

⚜ Einer von Williams engsten Freunden ist sein Cousin Peter Phillips, der Sohn von Charles Schwester, Prinzessin Anne. Peter stand während Dianas Beerdigung die meiste Zeit an Williams Seite.

⚜ Sein Lieblingsmodel ist Christie Brinkley.

⚜ William sieht sich gerne die britische Ausgabe von MTV an. Er mag viele verschiedene Musikrichtungen, aber ganz besonders gefällt ihm Techno-Musik. Er mag die Spice Girls und hört auch Pulp und Oasis.

⚜ William könnte auch eine Deutsche, Schweizerin oder Österreicherin heiraten, wenn er wollte, aber sie müßte evangelisch und dürfte nicht geschieden sein. Kein englischer Thronfolger darf eine Katholikin heiraten, weil er gleichzeitig auch den Titel 'Verteidiger des Glaubens der Kirche von England' trägt.

⚜ Es gibt eine lange Liste von Dingen, die Prinz William *nicht* tun darf – insbesondere, wenn er sich in der Öffentlichkeit aufhält. Darunter fällt zum Beispiel: in der Öffentlichkeit Alkohol trinken, rauchen oder Mädchen küssen. Er darf auch nicht photographiert werden, wenn er tanzt. Er muß die ganze Zeit bei seinen Bodyguards bleiben und darf eine Party nur zusammen mit seinen Beschützern besuchen und wieder verlassen. Er muß zu einer bestimmten Zeit zu Hause sein, und er braucht eine Erlaubnis, um in eine Disco oder auf eine Party zu gehen.

Erste Flirts

Für Verabredungen gibt es jede Menge Regeln. Zum Beispiel ist Küssen in der Öffentlichkeit ein absolutes Tabu. Der Palast entscheidet mit, welches Mädchen William treffen darf. Und wenn es erst mal ans Heiraten geht – dann wird es ganz kompliziert.

Als William noch jünger war, gefiel ihm ein Mädchen namens Marina aus Schottland, aber wie er seinem Vater berichtete, fand er keine Gelegenheit, sich mit ihr allein zu unterhalten, weil ihm immer ein Polizist im Nacken saß. Schließlich versprach ihm Charles, anstelle des Polizisten in seiner Nähe zu bleiben. „Na toll", sagte William, „aber halte dich bitte in mindestens zwanzig Meter Entfernung!"

William ist bereits ein paar Mal mit Schwestern seiner Freunde ausgegangen. Dem wachsamen Auge des Palasts ist das nicht entgangen. „Er kann sich mit den Mädchen seiner Wahl treffen", meinen Beobachter des Königshauses. „Aber sie müssen natürlich aus angemessenen Verhältnissen stammen, denn das sind die einzigen Mädchen, die für eine Verabredung in Frage kommen. Von William wird erwartet, daß er die Monarchie genauso beliebt macht, wie das Diana zu ihren Lebzeiten gelungen ist. Aber das bedeutet auch eine schwierige Rolle für das Mädchen, das er als Gattin aussucht. Er wird sie also sehr sorgfältig auswählen müssen."

Im Moment ist William noch jung und schüchtern, aber zweifelsohne an Mädchen und Verabredungen interessiert. Jetzt schon ist William ein jugendliches Idol, und eine bewegte Zukunft liegt vor ihm. Es gibt jedenfalls genug junge Frauen, denen sein gutes Aussehen nicht entgangen ist!

Gegenüber: Im Dezember 1997 wohnte er der Premiere von SPICE WORLD in London bei. **Links:** William ist unglaublich charmant. „Er macht einen sympathischen, nachdenklichen und feinfühligen Eindruck und hat auch eine künstlerische Ader." So beschreibt ihn Peter Archer vom Britischen Presseverband.

Erst mit dreizehn Jahren fing William mit dem Rudern an. Heute ist er in vielen Disziplinen ein ausgezeichneter Sportler. Außerdem liest er gerne und liebt Theaterbesuche.

Sweet Sixteen

Williams sechzehnter Geburtstag am 21. Juni 1998 war sein erster Geburtstag ohne seine Mutter. Er wollte einen ruhigen Tag mit seinen Kumpels aus Eton verbringen und ansonsten nur mit seiner Familie telefonieren. „Es war ein glücklicher Tag, und er betete für seine Mutter", heißt es aus zuverlässiger Quelle. „Er denkt täglich an sie. Vielleicht wird nie mehr ein Tag vergehen, an dem sie ihm nicht durch den Kopf geht."

Die königlichen Küchenchefs haben ihm eine riesige Schokoladentorte gebacken und mit sechzehn Kerzen geschmückt. Sämtliche Radiostationen in England, Schottland und Wales spielten Geburtstagswünsche für William und widmeten dem jungen Prinzen besondere Lieder, wie etwa Ringo Starrs „You're 16, You're Beautiful and You're Mine".

Als Teil der Abmachung mit der britischen Presse, William weitgehend sein Privatleben zu lassen, willigte er ein, einige persönliche Fragen zu beantworten, welche die Zeitungen mit großen, ganzseitigen Farbpostern von ihm veröffentlichten. Als Prinzessin Diana im letzten Sommer bei einem Verkehrsunfall ums Leben kam, habe er sich gefühlt, als ob seine ganze Welt zusammenbreche, offenbarte William.

William beantwortete Fragen über seine Interessen und Hobbys. Er gab zu, Computerspiele zu lieben, selber aber keinen Computer zu besitzen. Er liebt Pferde und seinen Hund Widgeon (auf Deutsch „Pfeifente"). Er mag Geographie, Biologie und Kunstgeschichte, aber noch hat er sich nicht entschieden, was er studieren will. Einen großen Teil seiner Freizeit verbringt William mit Schwimmen. Er nahm an einem Wettkampf in Eton teil, um Geld für die Krebshilfe zu sammeln, und er hat mit den Jungen an der Schule schon andere Aktionen für wohltätige Zwecke gestartet. William ist zweifacher Champion im Schwimmen, er gewann den Jugendpreis beim 100-Meter und 50-Meter Freistilschwimmen an seiner Schule und zählt in England zu den hundert besten Schwimmern seiner Altersklasse. William enthüllte außerdem, daß er verrückt nach Techno-Musik ist, seine Lieblingsgruppe verriet er aber nicht. Eine englische Zeitung, der *Mirror,* gab eine ziemlich herablassende Erklärung zu Techno-Musik ab: „Ihre Ursprünge liegen in der amerikanischen Subkultur… als Musik kann man das kaum bezeichnen."

Die Königliche Familie veröffentlichte vor kurzem Unterlagen, die belegen, daß seine Eltern regelmäßig Schulveranstaltungen besuchten. Zwei davon waren Theatervorführungen, in denen William mitspielte. „Prinz William war äußerst beliebt bei den anderen Kindern. Er hat sehr viel Humor und ist rücksichtsvoll im Umgang mit den anderen", hieß es in einer seiner Beurteilungen.

William teilte der Presse außerdem mit, es sei ihm unangenehm, ein Idol zu sein. „Er will einfach nur ein ganz normaler Junge sein", sagt ein Freund.

IN DEN STERNEN

Was Williams Horoskop verrät

Mit seinem Geburtstag am 21. Juni ist William ein Zwilling an der Schwelle zum Krebs. Kinder, die an der Schwelle zu einem anderen Sternzeichen geboren sind, zeigen Qualitäten beider Sternzeichen. Also hat auch William charakteristische Eigenschaften von beiden, Zwilling und Krebs. Interessanterweise war Prinzessin Diana, die am 1. Juli geboren wurde, Krebs.

Williams Sternen zufolge ist er sensibel (eine Eigenschaft des Krebses, die er mit Diana teilt) und phantasievoll – ein junger Mann, der ein Gespür für die Schönheit in allen Dingen hat. Tatsächlich sehnen sich Zwillinge, die von Merkur bestimmt werden, nach Abwechslung und sind immer auf der Höhe der Zeit.

In der Liebe wird sich William als zärtlich, standhaft und verläßlich erweisen. Er ist kein Spieler: Wenn er einem Mädchen sein Herz schenkt, dann wird das für immer sein.

Obwohl sein frecher Humor dafür sorgt, daß man mit ihm seinen Spaß hat, zeigt sein Horoskop auch, daß William sehr ernsthaft sein kann, wenn er sich einmal etwas vorgenommen hat. Seine Sterne weisen außerdem darauf hin, daß er Führungsqualitäten hat und entscheidungsfreudig ist – die richtigen Voraussetzungen also für einen zukünftigen König!

Rechts: Groß und gutaussehend: William sagt, er sucht seine Kleidung selbst aus und geht alleine einkaufen.

Gegenüber: St. Tropez, 1997. William beim Wasserskifahren. Er liebt, wenn man seinen Freunden glauben darf, das Risiko und ist immer für ein neues Abenteuer zu haben, auch wenn er im wesentlichen ein sanfter und zurückhaltender Zeitgenosse ist.

Kamerascheu

William verabscheut den Rummel um seine Person. Einmal warf er sich sogar im Auto seines Vaters zu Boden, nur um bei einem Polospiel nicht photographiert zu werden. Freunde sagen, er mache teilweise die Presse dafür verantwortlich, daß die Ehe seiner Eltern in die Brüche ging, und der Gedanke an die Jagd der Photographen auf seine Mutter bis zu dem Tag, an dem sie starb, ist ihm zuwider.

Für William begann der Medienrummel schon als kleiner Junge. Als er vor aller Augen seinen Lehrer kniff, verpaßte ihm die Presse den Spitznamen „Prinz Hooligan". Vor einigen Jahren sorgte er für ordentlich Wirbel, weil er nicht auf einem Gruppenphoto abgelichtet werden wollte. Er brach in Tränen aus, als er schließlich dazu gezwungen wurde. Heutzutage streicht William immer seine Haare zurecht und macht sich Sorgen, wie seine Frisur wohl auf den Bildern aussieht. Seine Freunde meinen, er hasse es, wie ein „Blödmann" auszusehen. Deshalb trägt er nie einen Sturzhelm, wenn er Ski fährt, und er weigert sich, die Sonnenbrille für die Photographen abzunehmen. Einmal stolperte er vor einem Rudel Paparazzi und fürchtete, die Bilder könnten veröffentlicht werden.

Hinter den Kulissen stellt sich William zusammen mit seinem Bruder Harry für Familie und Freunde gern zur Schau und wurde sogar dabei ertappt, wie er für Tiggy aus voller Kehle „Nessun dorma" sang, eine Arie aus der Oper *Turandot* von Puccini. Er weiß, daß er sich daran wird gewöhnen müssen, mit der Aufmerksamkeit der Presse zu leben, ohne wütend zu werden oder um sich zu schlagen.

Noch vor Dianas Tod, während einer Reise in die Schweiz, berief William zusammen mit seinem Bruder Harry und seinen jüngeren Cousinen Eugenie und Beatrice seine erste „offizielle" Pressekonferenz ein. Die Reporter wollten wissen, wer von ihnen am besten Ski fahre. Ganz diplomatisch sagte William einfach: „Diese zwei kleinen Mädchen machen sich ganz gut."

SPICE MANIA

William besuchte in London die Premiere von *Spice World*, dem Filmdebut der Spice Girls. Es war das erste Mal, daß William in der Öffentlichkeit im Smoking erschien. Er sah natürlich umwerfend aus! Als er die Stufen des Kinos am Londoner Leicester Square emporstieg, begannen Hunderte von Mädchen zu singen: „William, wir lieben dich!"

William errötete nur leicht und lachte dann. Seine Freunde hatten ihren Spaß, und auch sein kleiner Bruder Harry fand es ziemlich amüsant.

Vor dem Film gab es dann ein privates Treffen, bei dem die Prinzen den Spice Girls ‚Hallo' sagen durften. William wurde ziemlich rot, als die Mädchen alle die Gelegenheit ergriffen und ihn umarmten. Harry hatte sie schon auf einem Besuch in Südafrika kennengelernt und lächelte nur. Die Spice Girls genossen es, Charles aufzuziehen. Sie schlugen ihm scherzhaft vor, ihr neuer Manager zu werden, und er antwortete, er sei „zu teuer". Emma, auch als Baby Spice bekannt, sagte, sie sei ganz aus dem Häuschen gewesen, William zu treffen. „Ich habe wirklich eine Schwäche für William", verriet sie den Reportern. „Schade, daß er zu jung für mich ist. Und Harry meinte, er würde alle seine Freunde in den Film schicken. Das fand ich süß."

Mädchenherzen schmolzen dahin, als William anläßlich der Premiere von *Spice World* das erste Mal einen Smoking trug.

SCHLUSS

Wir werden abwarten müssen, was die Zukunft für Prinz William bringt. Wann wird er den Thron besteigen, und was für ein König wird er werden? Wen wird er heiraten? Das britische Volk, das seine Hoffnungen auf den künftigen Monarchen setzt, erwartet viel von ihm. Sein gutes Aussehen und seine Ausstrahlung haben seiner wachsenden Beliebtheit auch nicht gerade geschadet. Er läßt die Herzen der jungen Mädchen höher schlagen und flößt einer erwartungsvollen Nation Hoffnung und Glauben ein. Zunehmend übernimmt der Buckingham Palast die Kontrolle über sein Leben. Mit den Jahren muß er lernen, was es bedeutet, ein Monarch zu sein. Die eigentliche Vorbereitung auf seine Aufgaben als König werden erst anfangen, wenn er achtzehn ist, aber er hat schon eine Vorstellung von der Zukunft, die vor ihm liegt. Einst erklärte William seinen Eltern, er wolle kein König werden, aber jetzt zeigt er bereits alle Voraussetzungen und den Willen, die Rolle anzunehmen, in die er hineingeboren wurde.

Beobachter der Königlichen Familie sagen, William hätte das gute Aussehen seiner Mutter und das Pflichtgefühl seines Vaters geerbt. „Er weiß, welche Erwartungen die Welt an ihn hat, und er bereitet sich auf den großen Tag vor."

BIBLIOGRAPHIE

Adler, Jerry and Foote, Donna. "Growing Up Without Her." *Newsweek* (September 15, 1997): 50-53.

Arnold, Chuck. "Chatter." *People* (September 30, 1997): 10.

Kerr, Jane. "It Reminds William of His Mum and Dad's Love." *The Mirror* (October 30, 1997): 3.

Gleick, Elizabeth. "The Man Who Would Be King." *Time* (September 15, 1997): 43-47.

Halden, Rupert. "Happy 16th Birthday Prince William." *OK Magazine* (June 26, 1998): 24-26.

Haley, Larry. "Heartbroken Sons Have Their Mother's Courage." *National Enquirer* (September 23, 1997): 26-27.

Hoffman, Bill. "Di's in His Prayers As Wills Turns 16." *New York Post* (June 22,1998): 16.

_____. "Young Prince to March in Procession." *New York Post* (September 3, 1997): 8.

Hubbard, Kim. "Crown Jewel." *People* (June 6, 1998): 56-59.

Hutchinson, Bill. "Diana's Dying Words: 'Take care of my children.'" *Boston Herald* (September 11, 1997): 1, 4.

Johnson, Paul. "Why I Believe That William Should Be Our Next King." *Daily Mail* (January 7, 1997): 12.

Kay, Richard. "Farewell to the Palace of Memories for Princes." *Daily Mail* (February 7, 1998): 9.

"Losing Mom." *People* (September 15, 1997): 61-65.

McPhee, Michelle and Helen Kennedy. "Royal Family Finally Shows." *New York Daily News* (September 5, 1997): 6-7.

Plummer, William. "Loving Legacy." *People* (September 22, 1997): 88-95.

"Prince of Wales." *Ok Magazine* (April 3, 1998): 12.

Rae, Charles. "Brave Boys: Princes All Smiles at First Xmas Without Mom." *The Sun* (December 26, 1997): 29.

Reisfield, Randi. *Prince William: The Boy Who Will Be King*. New York: Pocket Books, 1997.

Rooke, Tim. "50 Most Beautiful People." *People* (May 11, 1998): 12.

Ross, Rory. "Is the Royal Family Letting It's Heirs Down?" *Tatler* (September 12, 1998): 115-118.

Singleton, Don. "William Should Be the Next Monarch, Poll Says." *New York Daily News* (January 10, 1997): 19.

Tumposky, Ellen. "Behind His Mum?" *New York Daily News* (September 3, 1997): 7.

Vickers, Hugo. "A Look Behind the Scenes of Prince William's Confirmation." *Hello* (July, 1, 1997): 25.

Wade, Judy. "In The Run-up to His 15th Birthday: Prince William." *Hello* (May 28, 1997): 66-67.

_____. "The Boy Born to Be King Turns 16." *Hello* (May 27, 1998): 10-18.

BILDNACHWEIS

Agence France Presse/Corbis-Bettmann: 11

All Action/Retna: ©Jonathon Furniss: 58; ©Anwar Hussein: 67; ©O'Brien/Peters: 92-93; ©Doug Peters: 87

Alpha/Globe Photos, Inc.: 5, 9, 26, 27 o, 28, 34, 42 o, 42 u, 43, 61, 72, 94; ©Jim Bennett: 21 r, 24; ©Randolph Caughie: 59; ©Richard Chambury: 49, 56; ©Dave Chancellor: 41, 53, 73 u, 77, 79, 91; ©Steve Daniels: 22, 65, 69

AP/Wide World: 10, 12, 13 u, 39; ©Hans Deryk: 50; ©Frank Gunn: 64

Camerapress/Retna Ltd. USA: 19, 20, 66, 78; ©G. Barlow: 18; ©Lionel Cherrault: 15, 16-17; ©S. Djukanovic: 30; ©Richard Gillard: 2, 71, 74, 75; © Tim Graham: 14, 47; ©Glenn Harvey: 21 l, 27 u, 31, 32, 35, 38 u, 46; ©Stewart Mark: 40, 45, 51 u, 82, 90; ©Scotsman: 80-81

©Dominique Charriau/Stills Press Agency/ Retna: 84

Express Newspapers/Archive Photos: 13 o, 33, 36, 52, 54, 86

©Glenn Harvey/ Globe Photos, Inc.: 51 o

Popperfoto/Archive Photos: 48

Reuters/Archive Photos: 60; ©Paul Hackett: 73 o; ©Jeff J. Mitchell: 57; ©Jeff Vinnick: 62-63, 83

Reuters/Corbis-Bettmann: 29, 37

© Rex USA Ltd.: 8, 25, 55, 86; ©Jim Bennett: 38 o, 88; ©Tim Rooke: 7, 68, 71, 85; ©Stuart Newsham: 23

Solo Syndication/Archive Photos: 76

INDEX